JN411188

빛과 어둠의 정치

빛과 어둠의 정치

임지훈 사진 시집

시인동네

| 작가의 말 |

풍경이 흩어져버리는 순간이 있다. 그 순간을 놓치지 않으려고 시인의 눈은 솔잎 끝의 물방울이 된다. 고도의 집중력과 파인더는 닮아 있다. 피사체는 아무런 예고 없이 몸을 돌려 누워버린다. 바다는 그렇게 모로 누워 지느러미나 수평선이 세계를 방관하며 흘러가고 있는 것을 다시 방기하고 있다. 때문에 몸을 돌리기 직전의 바다를 찍을 수 있는 집중력과 기다릴 수 있는 애정이 요구된다.

일기를 쓰듯 북한산에 올랐다. 늦여름의 매미를 보는지 잠자리 날개를 보고 있는지 알 수 없었던 사팔뜨기의 그 저녁부터 물소리가 다시 살아나 흐르던 새벽까지 매일 산에 올랐다. 비가 오면 우산 아래에서 눈이 쏟아지면 눈보라가 켜는 해금 속으로 미끄러지며 설움이 북받치면 그 설움의 어깨에 머리를 기대고 물소리가 이끄는 대로 산에 올랐다.

상선약수(上善若水), 노자를 공부하지 않았으나 물을 가득 싣고 흘러가는 말을 듣고 싶었다. 물빛, 물소리, 나른한 물길을 잠깐 재워 주는 화강석 빛깔의 물의 침대, 진폭이 넓은 그늘의 시간. 빽빽한 아침의 숲을 만났지만 뜻은 알 수 없었고 파인더가 나를 두고 혼자 물과 출렁거렸다.

사진집을 정리하면서 지나온 시간들을 읽었다. 내가 그늘로 살았고 밤이었음을 알게 되었다. 다시 돌아갈 수 없는 시간이 그늘 속에 남아 있기를 원해서 그대로 내버려둔다.

제1부는 꽉대기에서 울린 말이 물에 튕겨 흐르는 것을 받아 적은 기록이다. 제2부는 세상을 떠돌 때 내가 피사체와 자리를 바꾸어도 무난한 사진으로 채웠다. 사진과 시는 쓸쓸함과 왜, 라는 스스로에게 묻는 질문이 담겨 있는 소쿠리다. 세상 풍경 속에서 가장 귀한 것은 살아있는 모습이고 살아가는 존재들이다. 아프고 모자라고 짧은 영육 또한 오늘만큼 거대하고 무겁다.

2019년 처서

임지훈

1부

빛의 미끄럼틀을 타고 온 순간들

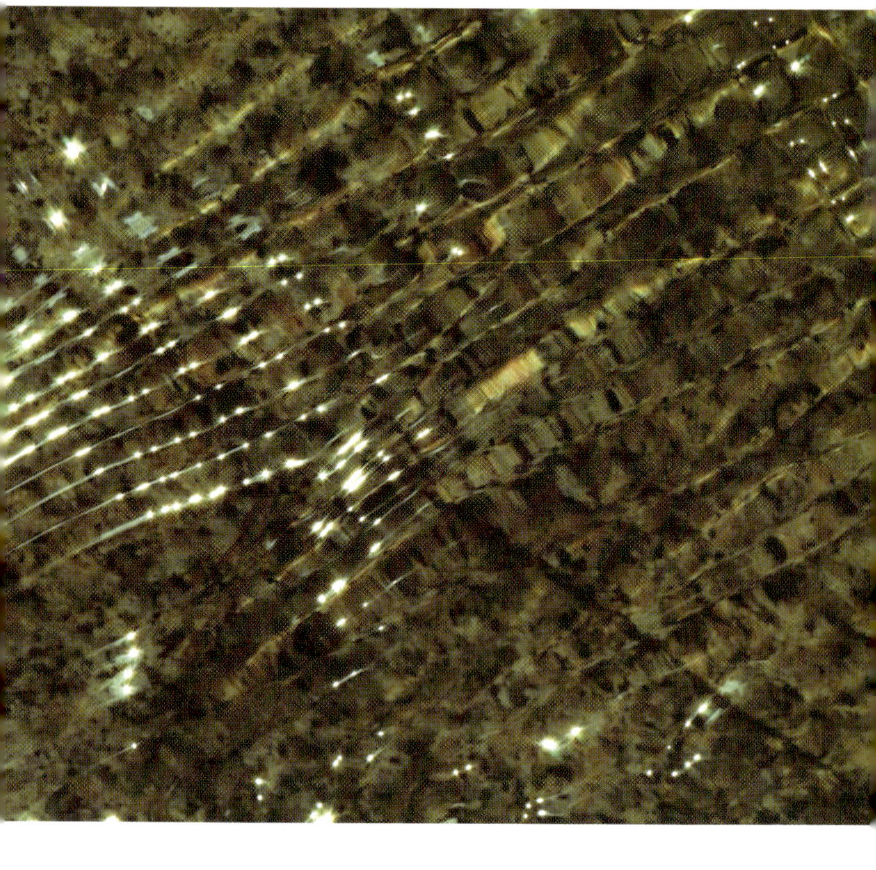

너는 어떤 빛의 미끄럼틀을 타고 여기까지 왔을까
물의 잔치에 빛이 놀러와!

물소리가 배여 있는 초서가 썩 좋다.

왕희지가 새벽에 북한산에 와서 물 위에 글씨 연습을 하고 돌아갔다.

물이 그린 뱀이 겨울이 막 낳은 뜨거운 돌멩이를 삼키러 가고 있다.

먹을 수 없는 먹음직한 것들

빛에 굴절된 너는 물빛을 흔들고, 태평소 음악이 봄을 깨우고

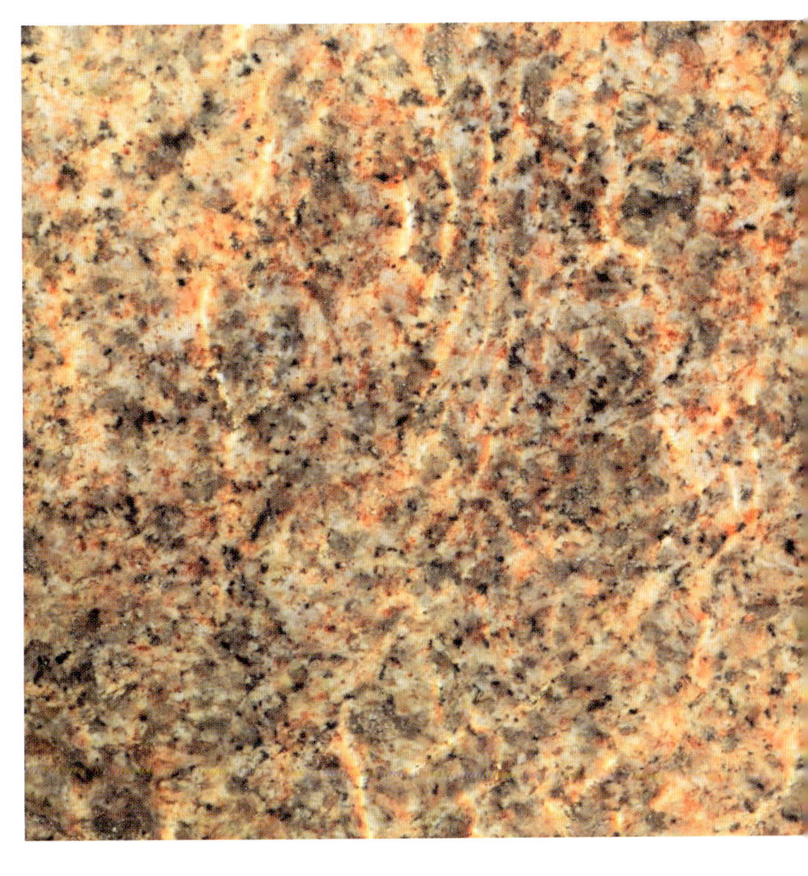

물결로 흘러가는 너를 만나 같이 가라앉는다.
귀뚜라미 날개에 가을이 부딪혀 가라앉듯

물방울에 갇혀서도 너는 장력으로 날 붙들고 있다.

나를 피해 어디까지 갈 수 있냐고 묻는 동그란 눈동자

노래를 듣기 위해 얼음을 보낸 겨울.

펜으로 이름을 적어온 빛.

귀가 어두운 물의 침대는 신묘한 빛깔을 쓰고 있다.

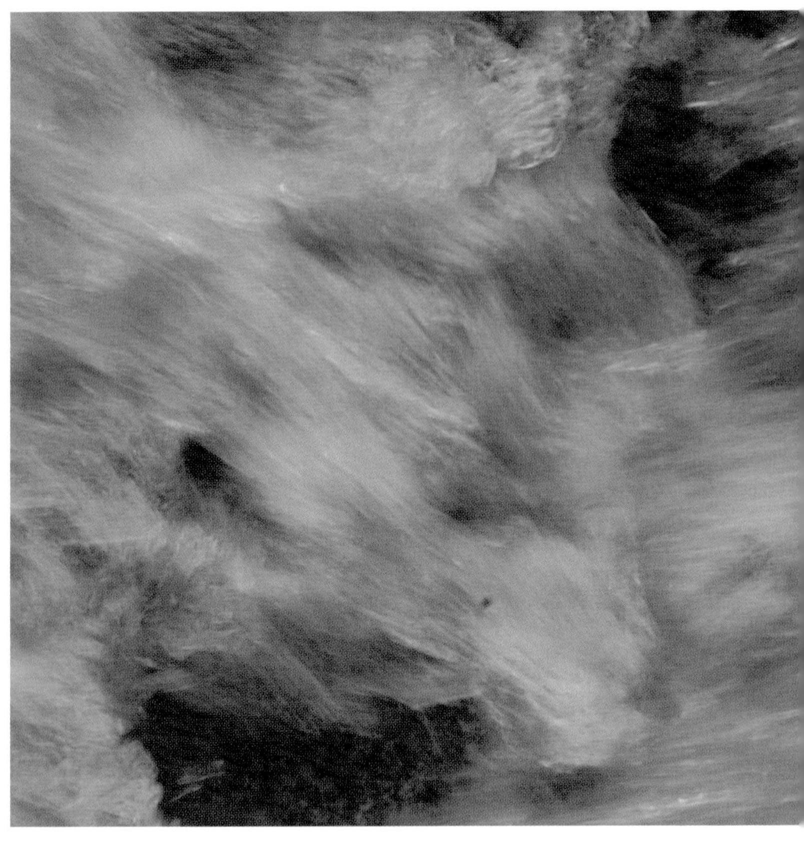

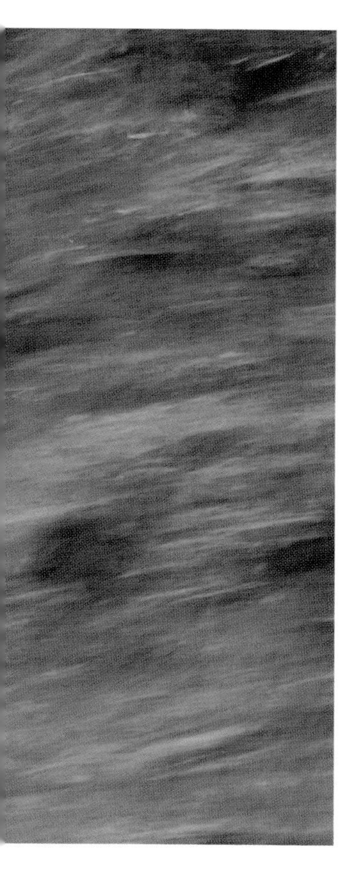

네가 분노에 휩싸여 살고 있는 이유를 나는 짐작할 뿐이다.

차이코프스키의 비창 속으로 겨울이 초병을 앞세워 들어가고 있다. 우두둑 핏줄이 돋는다.

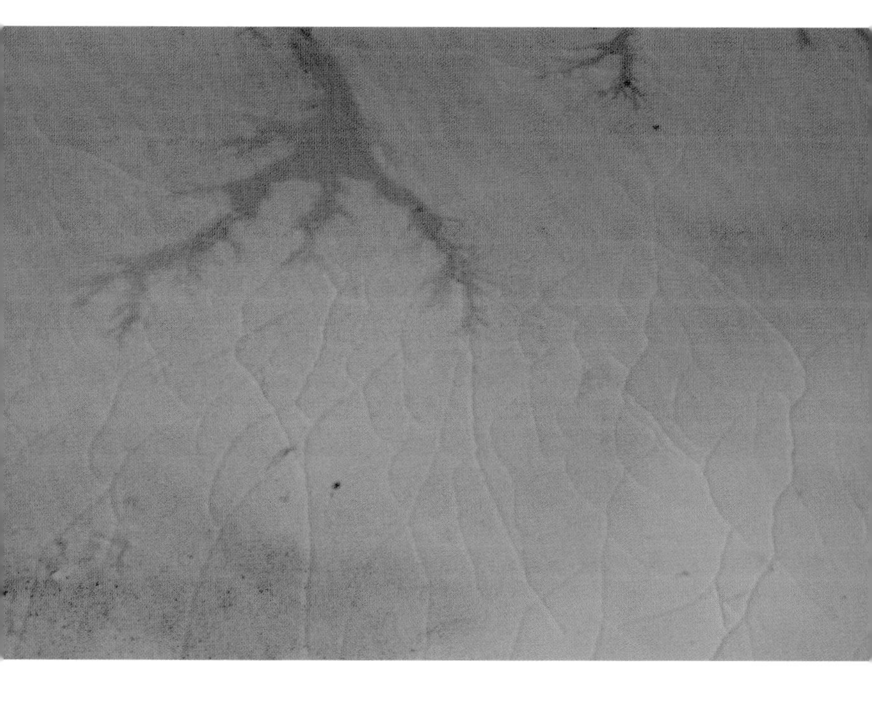

물소리에 홀려 따라 나서는 너를 눈보라가 막아서고 있다.

해일처럼 물소처럼 몰아쳤다.

밤에 오셔서 침대 가장자리에 앉아 계시던 아버지

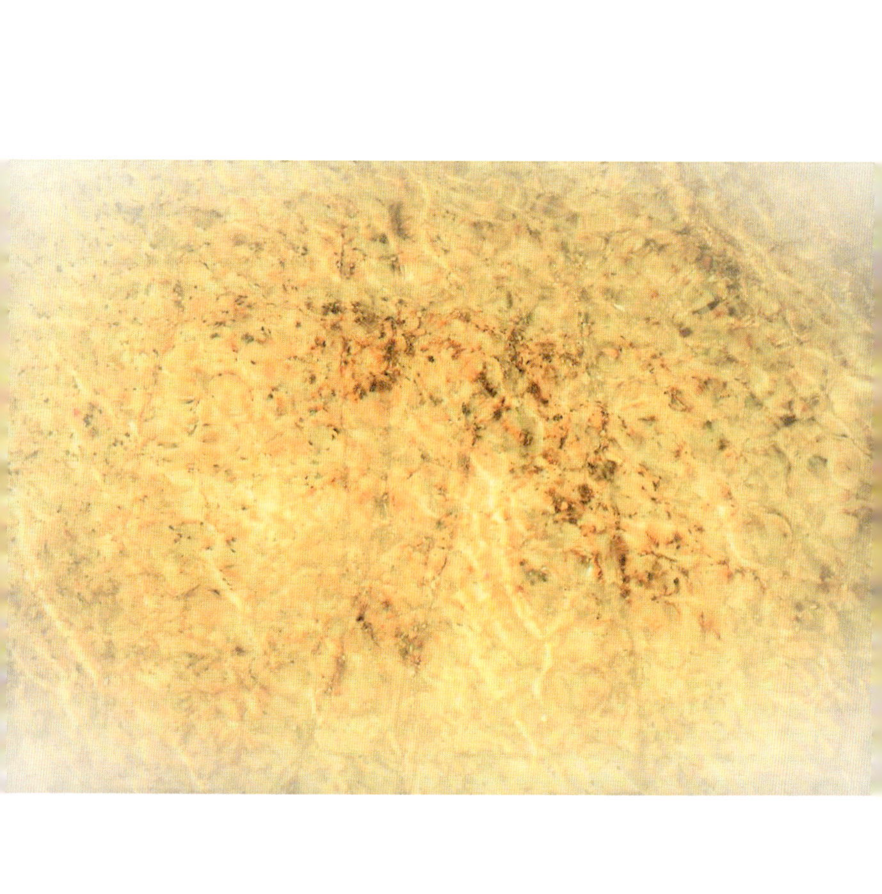

바람과 오랫동안 알고 지낸 여자의 피부 아래엔 측심(惻心)이 배여 있다.

우리의 시간이 부드러운 곡선들로 채워져 있었다고 거짓말이라도 해주고 싶었던 그녀의 그 겨울

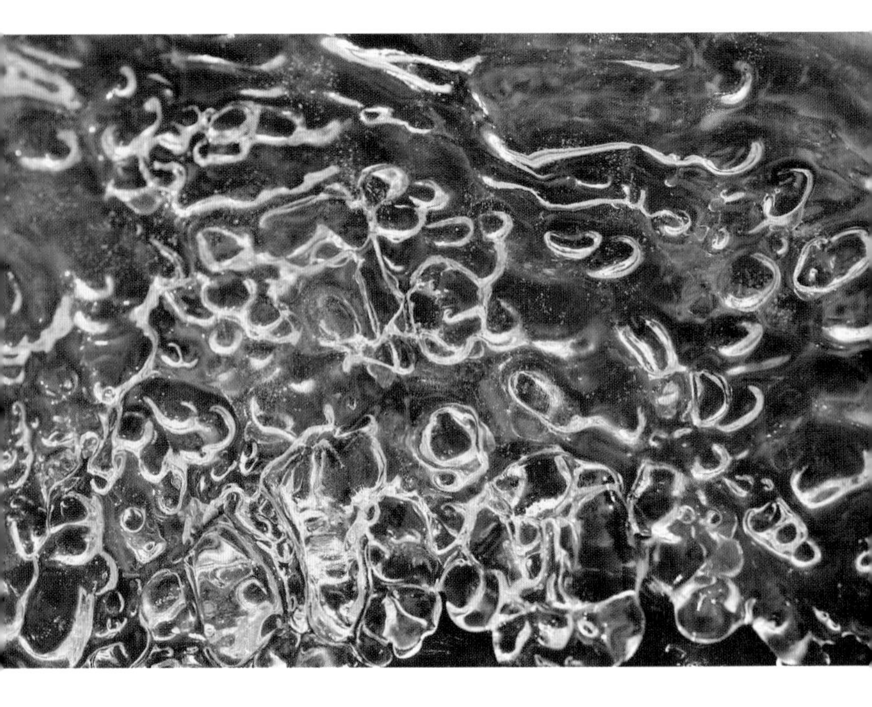

허물까지 홀라당 벗어놓고 넌 무엇에 홀려 떠났을까.

자크 데리다가 해체한 세계를 너는 눈썹 하나 깜짝 않고 다시 해체시켜 버렸다.

물소리는 잠이 깊은 그녀처럼 자고 있다.

새벽에 방이 식었다.

이유는 알 수 없지만 울어서 짓물러버린 너.
바흐의 파르티타는 명료하게 슬픔의 이유를 그리고 있다.

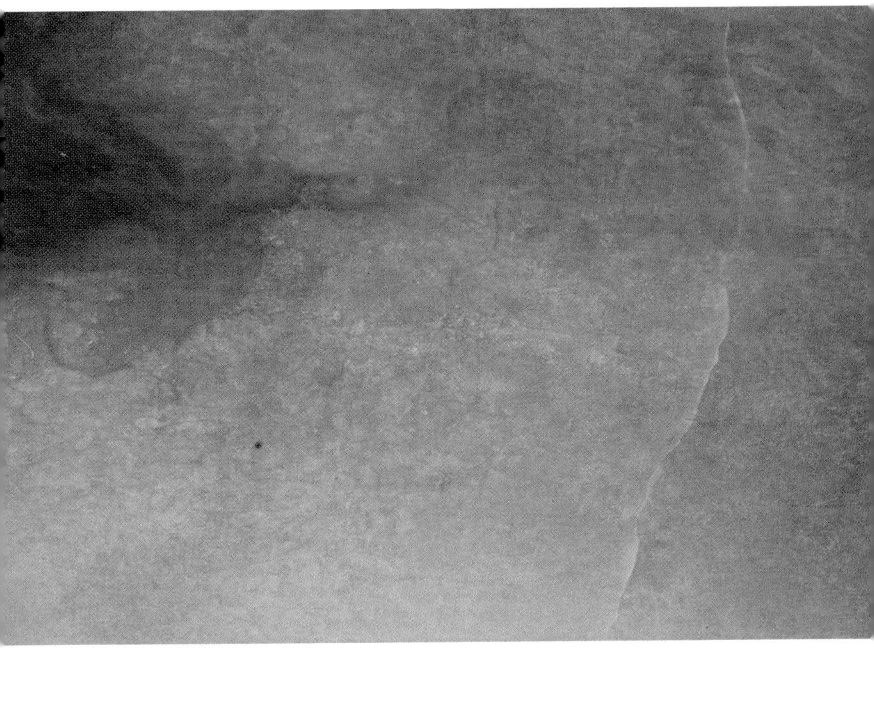

고요했던 네 마음이 출렁거리면 창밖의 기린도 보이지 않는다.

가라앉고 있는 나를 바라보며 하루하루 말라가시던 아버지

너의 모서리는 가끔 따뜻했다.

얼어붙었던 시간이 지나갔느냐고 퀭한 눈이 내게 묻는다.

비닐봉지가 얼음으로 신분세탁을 했는데 데이지만 알아보지 못한다.

나를 흔들고 있는 건 네 머릿결인가 송곳니인가.

잠시 들러 머리를 빗겨주고 새벽녘 조용히 문을 나서고 있는 너

내 등의 손톱자국을 보고 그녀는 비로소 사랑하기 시작했다.

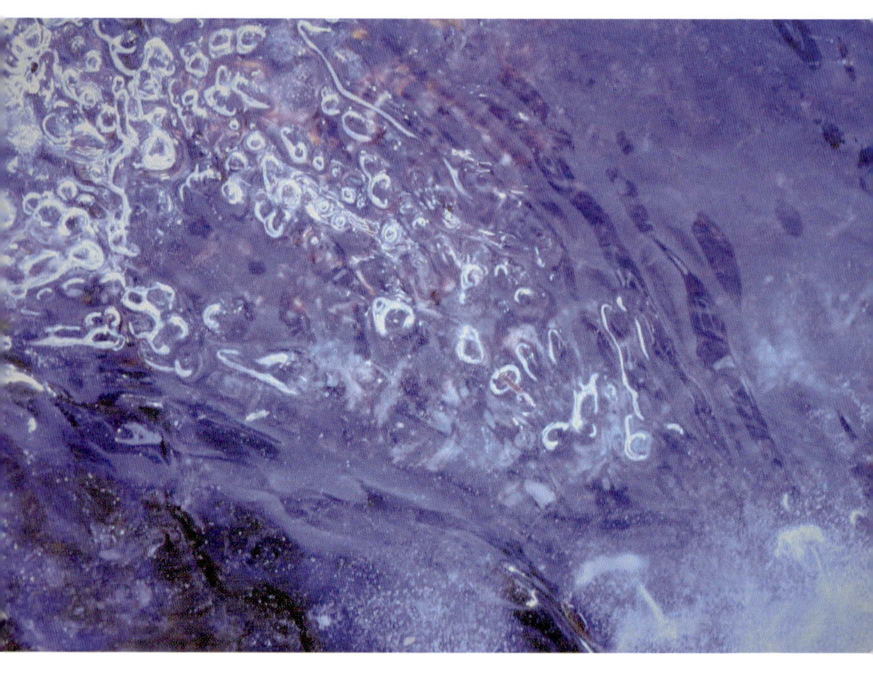

샤갈이 겨울에게 불쑥 내민 꽃다발.

그는 그 많은 꽃들과 어떻게 부드러운 소통을 하였을까.

지난겨울 내내 박수근 선생을 찾아 북한산에 올랐다.
화강암에 앉아 계시다가 다가가면 홀연히 사라져버렸다.

까치발로 서서 겨울의 바깥을 바라보시던 아버지
물소리도 제 얼굴을 보고 싶어 거울을 만든다.

누드를 보고 있는 누드.

누드는 언제 살빛에 눈을 뜰까

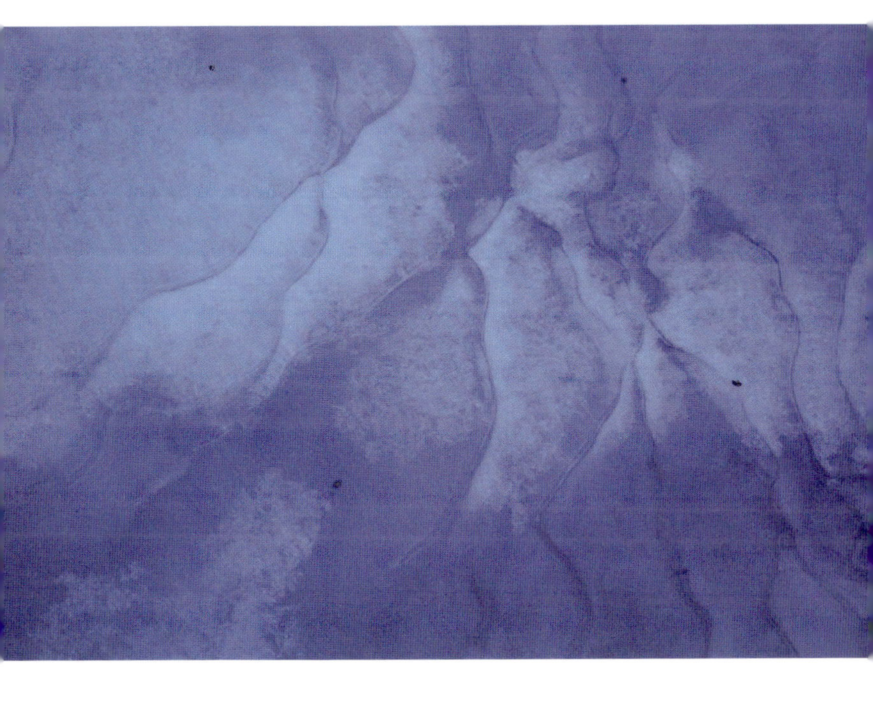

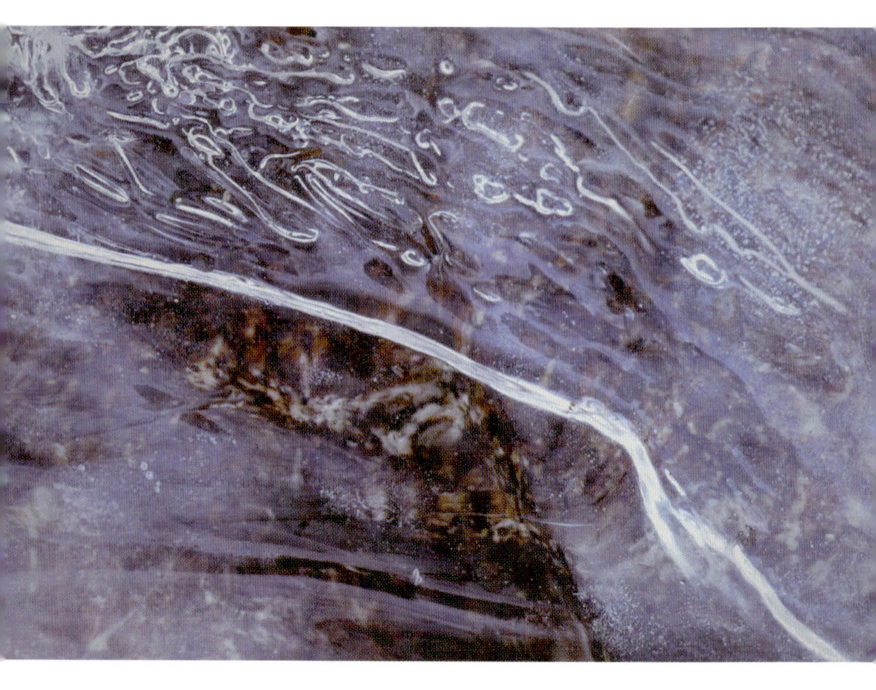

물이 겨울에게 아랍어로 인사를 가르치고 있다.

얼음으로 꽝꽝 못을 박고 다시 눈을 쏟아 얼어붙은 아랫도리에 정조대(貞操帶)를 채우고 있는 저 남자, 나는 그에게 무엇일까.

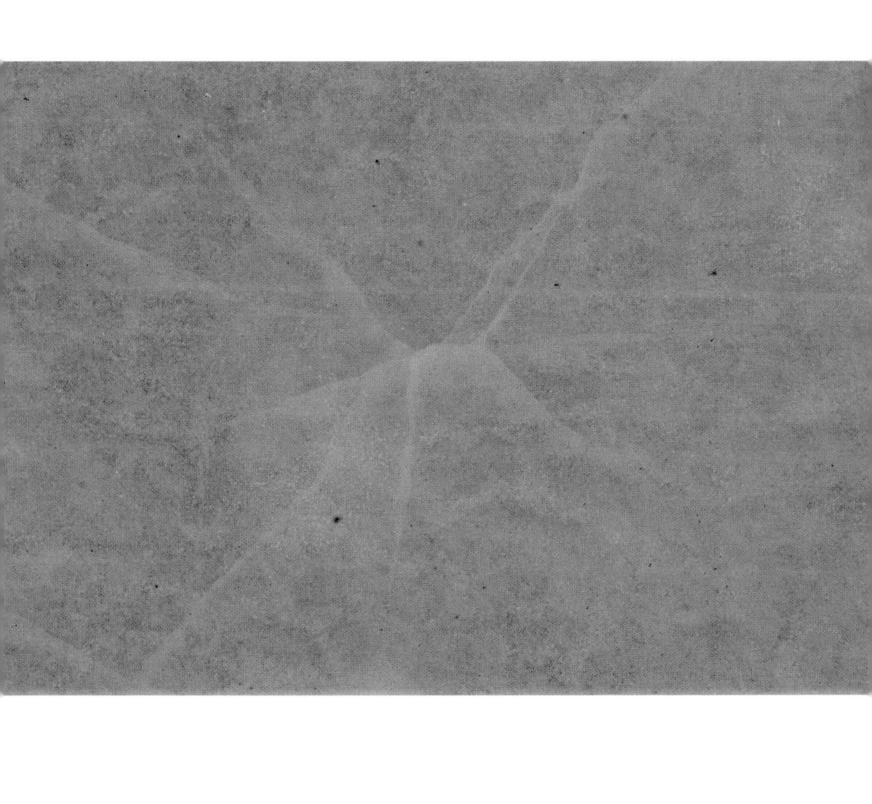

빛과 그늘이 아무리 다정해도 네 침묵의 이유를 알아내기 힘들다.

코가 휘어진 미켈란젤로가 겨울을 소묘하고 있다.

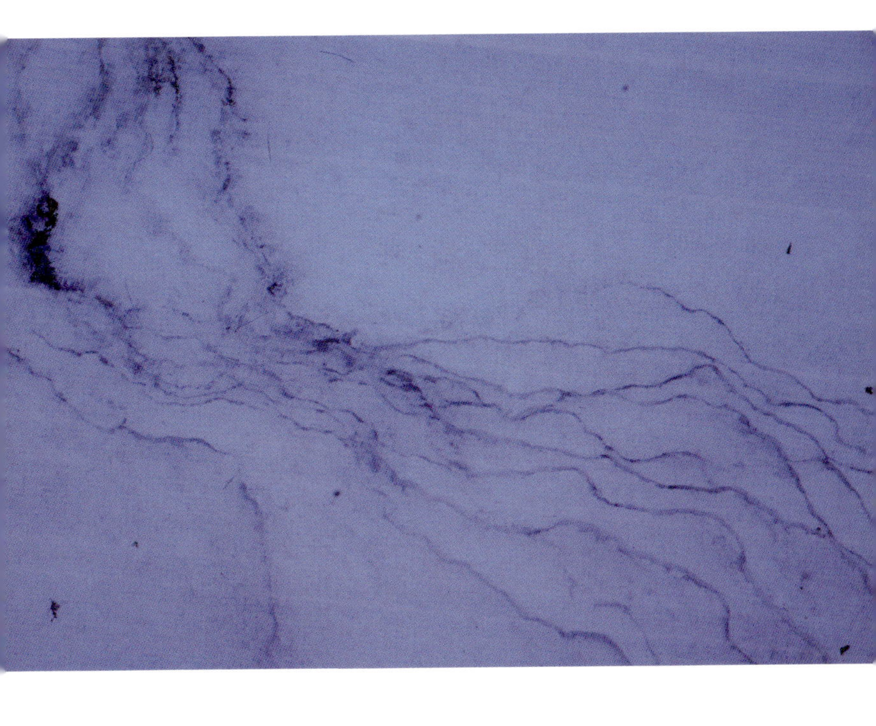

빛에 긁히고 네 눈빛에 쏘이고 있다.
네 키를 넘어서면 난 자유다.

흐르지 않으면 네 뜨거운 메카도 캄캄해진다.

빛을 잃은 메카가 자꾸 떠올라 거짓으로 사랑을 말하고 경배할 기회를 구걸한다.

경계가 또렷한 이상은 소멸하였거나 절멸 중이다.

여자는 늘 단호하게 금을 긋는다.

여자의 내면은 딱딱하고 완고하게 설계되어 있다.

호타루! 호타루! 호타루!

일렁거리던 그가 지나가면 네 마음도 가라앉을 것인가.

먼 바다에 통나무집 하나 기웃거릴 뿐

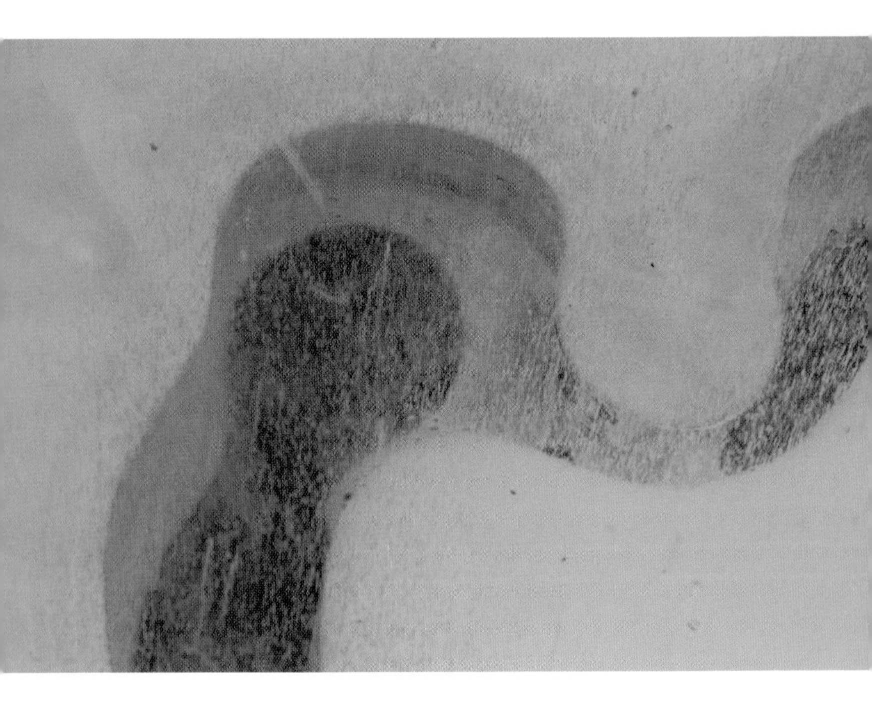

겨울도 웃는 얼굴만 새긴다. 산벚꽃을 기다리며

내가 아무리 으르렁대도 너는 이른 봄 같은 소년에게 문이란 문은 모두 활짝 열어젖히고 있다.

빚을 지향하는 모든 조직은 계급사회로 존속된다.

얼음 속으로 메뚜기 떼가 몰려오고 있다.
메뚜기 떼를 불러낸 그는 언제 나를 부를까.

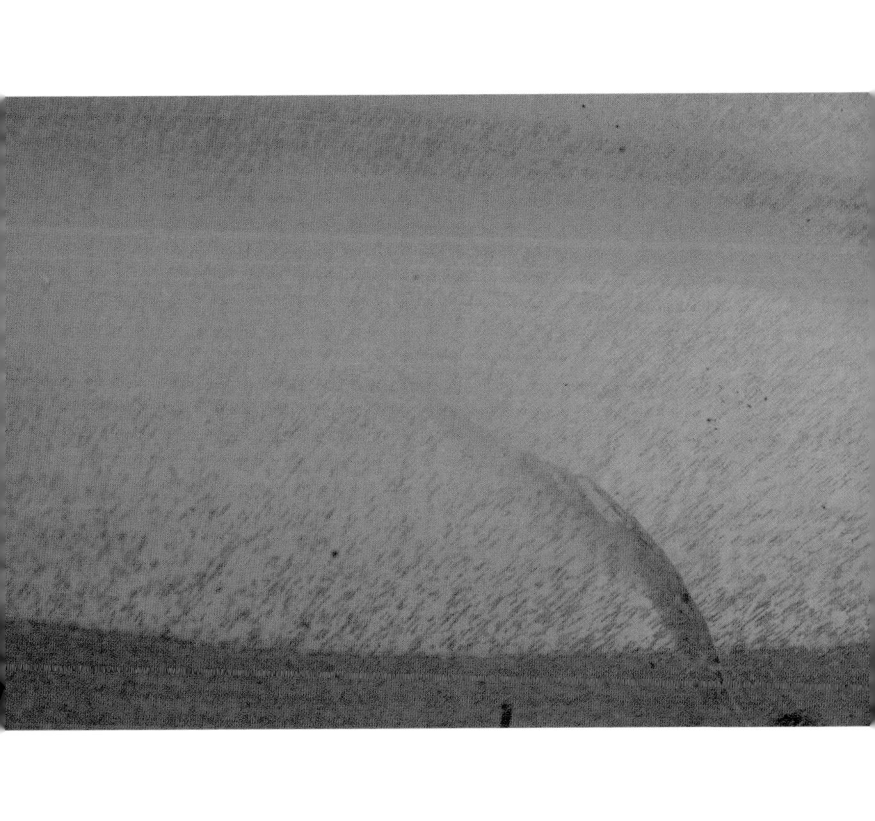

동생네가 옆으로 이사 오니 찬바람이 따뜻해졌다.

이젠 속지 않는다, 저 더럽고 야비하고 단호한 빛에게.
날 찾아온 겨울이 어눌한 발음으로 돈 얘길 했던 것 같다.

뭉툭하게 바르고 있는 물감은 너만 몰랐던 작별을 그릴 바탕색

바흐의 비올라다감바와 첼발로를 위한 소나타.

깡다구 있던 아버지도 몇 번 여자에 쏘이시더니 마당 구석의 수챗구멍 옆에서 한참 서 계셨다.

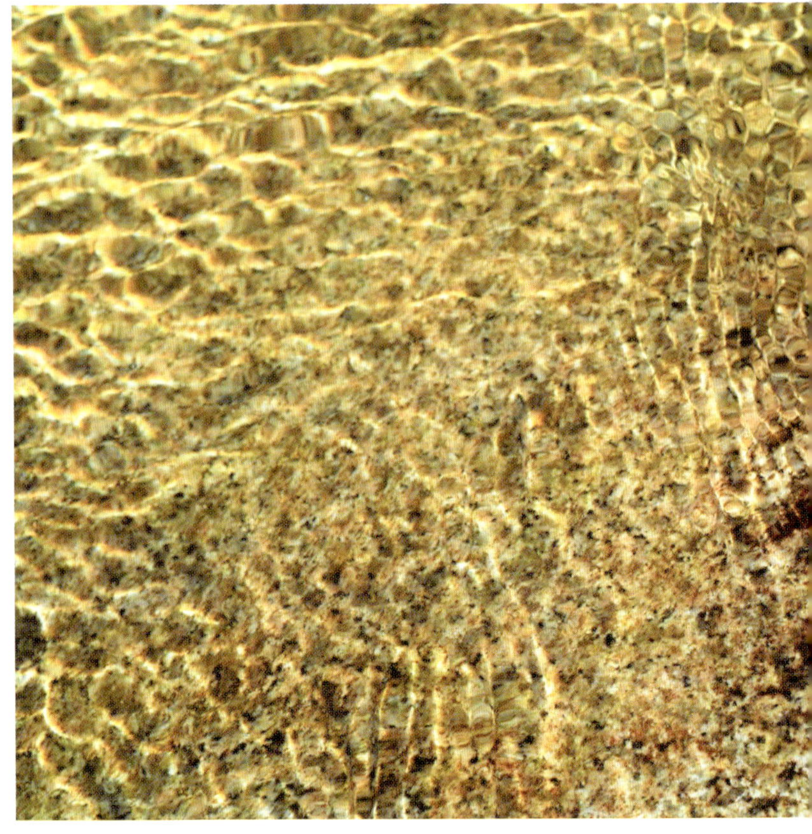

나는 네 전모를 알기 어렵다.

사람처럼 생긴 나무가 밤을 쳐다보려고 고갤 돌리다 미끄러졌다.

팽팽한 화가 박지오가 그린 청바지, 화기를 꾹꾹 누르고 있는 청바지, 집중하는 블루는 자유를 만끽할 수 있다. 그처럼

편견과 선입견을 직관으로 알고 살아왔다.

선풍기 날개에 기억이 거꾸로 부딪히는지 소리가 나기 시작했다.

너에게 나를 물었다.

지지거리는 LP판처럼 대답을 건너뛰고 있다.

쓸쓸함과 사랑이 한 소쿠리에 담겨 있는 걸 넌 알지 못했다.

밤새 노크 하는 소리에도 쿨쿨 자고 있는 광대무변(廣大無邊)!

화강암의 깊고 푸른 꿈

화강반암의 시(詩), 드러나면 시가 아니다

아버지는 표정을 숨기고 몸을 낮추고 사행(蛇行)으로 평생 살아오셨는데, 나비가 내려앉을 듯 말 듯 조심하셨는데, 어느 정부에게 맞아 저렇게 멍이 들고 말았을까.

소식을 끊은 너 때문에 경추가 틀어진 건 아니다.

기억은 생리처럼 원을 그리며 뱅글뱅글 돌고 있다.
널 쳐다본 대가로 난 빨대사탕이 되고 말았다.

쇼스타코비치의 왈츠는 경계와 먼지의 모서리를 허물어 버렸다.
우울하고 우아하다.

탈색되고 있다는 소식에 찾아갔지만 넌 이미 살얼음 속에 가라앉아 있었고 나는 플라스틱 같은 여자가 되고 말았다.

내 살점을 모르는 짐승이 파먹고 있다.

나는 언제까지 시(詩)가 뿌리는 이 조소(嘲笑)를 눈감고 고스란히 받아야 할까.

지난달부터 생선이 먹고 싶었다.
맹인 하나를 꺾어 와 꽃병에 꽂았다.

빛이 나를 물고 마지막으로 다시 날아오른다.

혼이 박혀 있는 눈동자는 우리가 가진 저울로 계량할 수 없다.

바흐가 삼십 년을 봉직한 성토마스 성당의 오르간
그 악기 앞까지 날아와 멈추는 저 하루살이

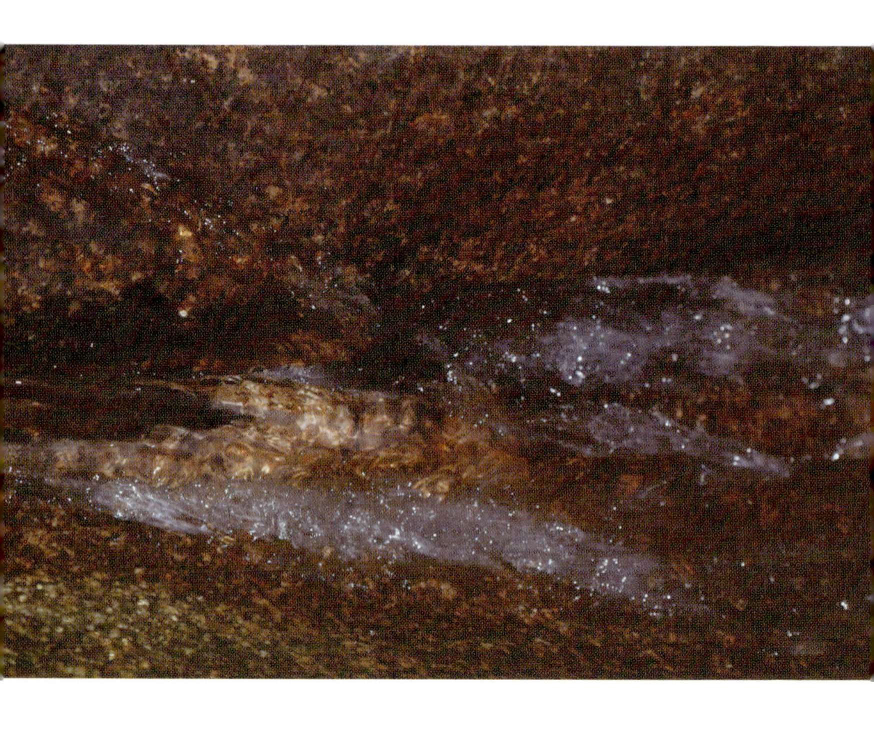

락토바실리가 사라지는 이유를 물소리는 알고 있지만 말을 아끼고 있다. 죄책은 먼지 낀 벽(癖)에 아무렇게나 기어오르고 있는 저 나팔꽃에 있다.

시큼한 자두로 빚어진 그녀

아버지는 술을 사들고 오다가 동생에게 발로 차였다.

그 마루 끝에서 너처럼 흘러가 버린 시간

막막해진 여자가 꽃을 마구 피워 입에 물고 일어섰다.
숨 막히던 초록이었을 때 그녀는 왜 고구마만 먹었을까.

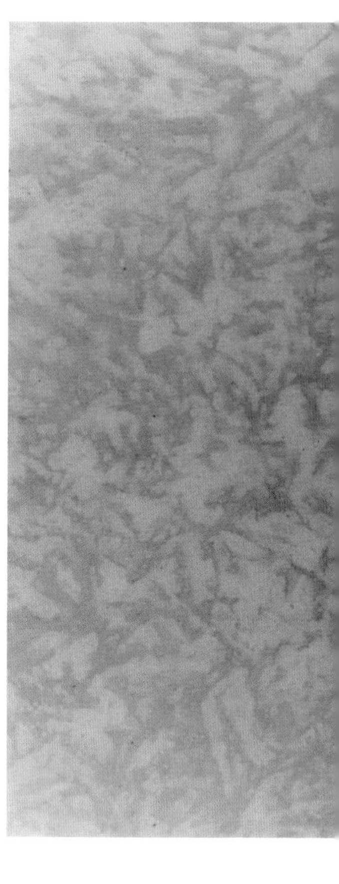

버티다 얼어붙은 단풍나무
겨울에게 던질 돌 하나 찾지 못하고 저물고 있는 저녁

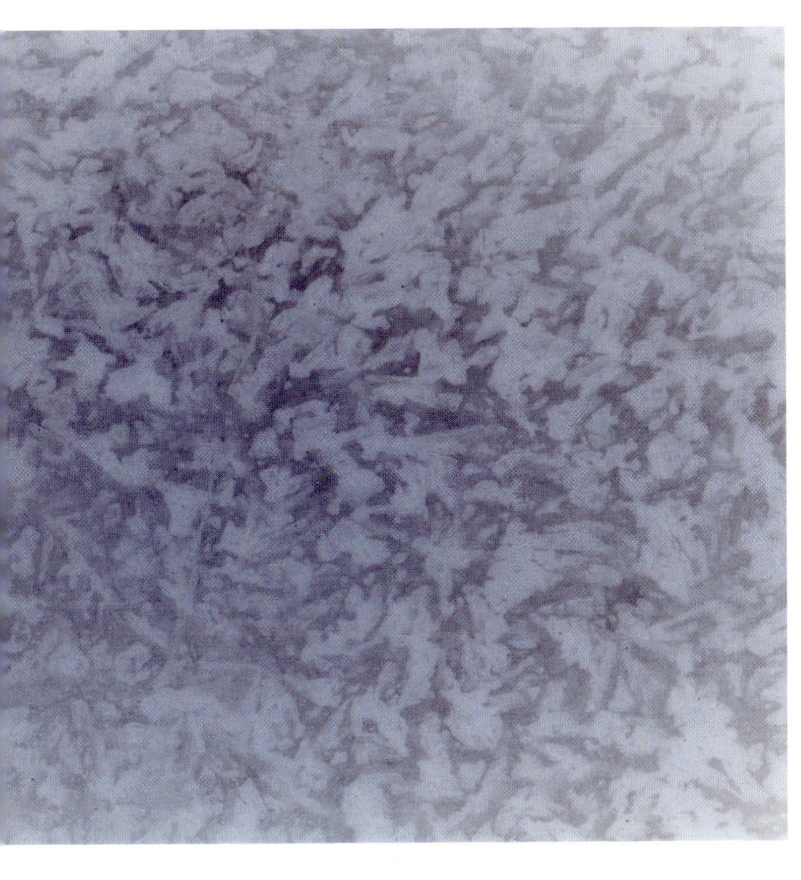

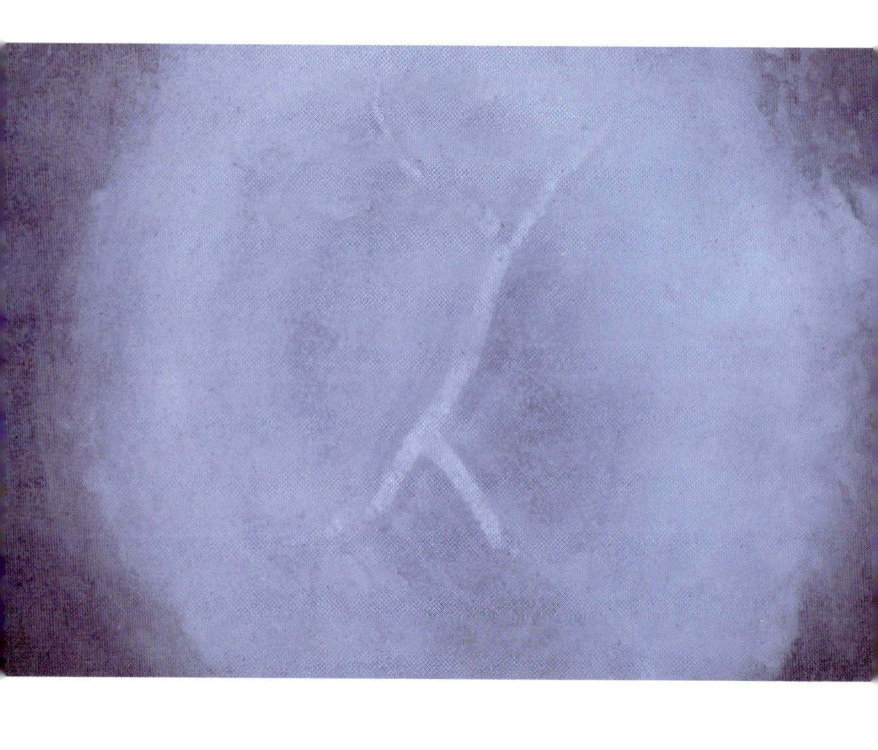

사람끼리 기대야 한다고 겨울이 전해준 족자
사람은 사람에게 늑대라고 했는데……

물이 마르자 네 기억이 청동시대를 지나온 녹처럼 피어났다.

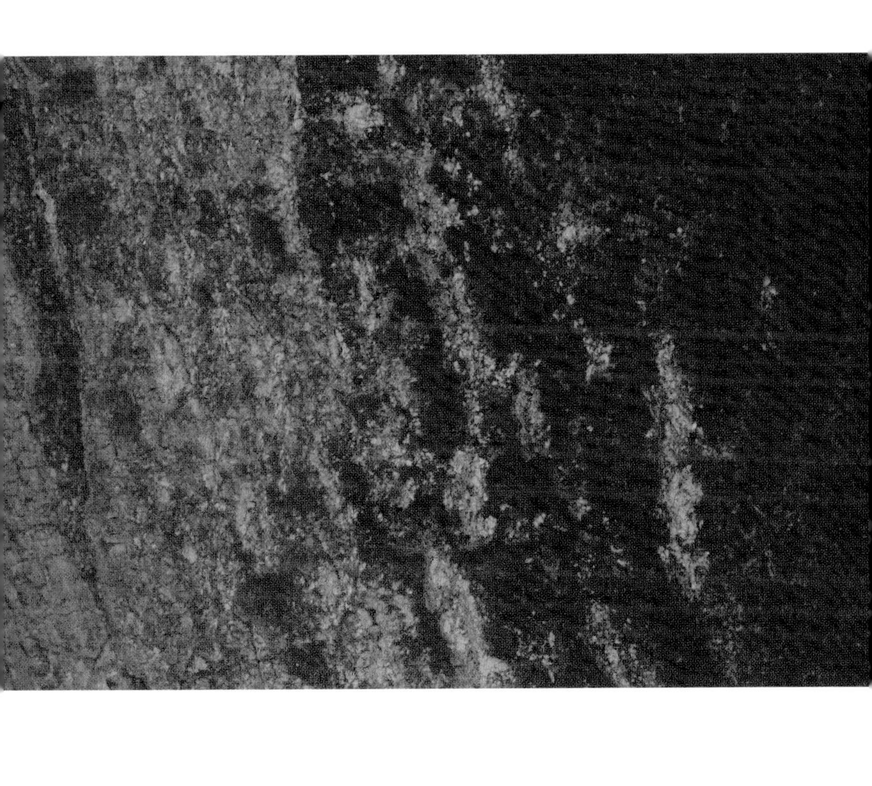

시간이 숭숭 구멍을 내고 그 구멍으로 널 꺼내 데리고 갔다.

물과 빛이 동시에 웃고 있다.

넌 고스란히 그 놀림을 뒤집어쓰고 앉아 있다.

할 말이 없어 사랑한다고 할 때가 있다.
또각거리는 굽 소리가 널 드러내고 말았다.

돌이 늙어 따개비가 되었다, 전등을 켰지만 지나가는 건 박쥐뿐

빛이 물대신 휘어지고 있다.
나를 대신해 마흔에 돌아가신 어머니

스스로 시궁으로 몸을 던지는 너, 아직 쿠데타로 펄펄 끓고 있다.
나는 이 오후를 경(經)을 읽으며 보내도 되는가.

어머니가 머리를 감겨주는 내내 무서웠다. 모진 매질 후였기 때문이다.

입에서 꺼낸 거미줄로 넌 내 목덜미에 기지국을 세우고 있다.

희미해지는 내 눈알이 사라지길 기도한다, 어둠 속에 숨어 있는 빛을 찾을 때가 되었기 때문이다.

너는 오후처럼 울혈처럼 앉아 있다.
모르고 벌레를 밟고 신발을 털고 있는 아침

식구들 함께 살 때 밥 먹던 숟가락 소리, 편종을 일격하니
다시 차오르는 설움

잠깐 딴 생각을 했는데 온몸에 초록색이 무섭게 돋았다.
각자도생(各自圖生)

여기에 슈베르트의 소녀가 잠들어 있을까, 과식이 그를 유쾌한 남자로 만들었을까.

비가 잠시 휘어질 때 그들은 은갈치 세 마리에 나눠 타고 모두 떠났다.

물결이 멎으면 너는 떠나겠다고 했다, 오늘 오후만 참아도 되는데……

지상의 어떤 그림도 천상의 그림과 무게가 같을 수 없다.

매미와 뻐꾹새 같이 울고 있는 숲을 걸을 수 있었다면 가득한 마음의 나라를 걸었노라고 고백하여도 된다.

나를 꼭 하룻밤 더 살려주기로 결정한 깊고 푸른 밤,
강원도 같은 그 여자

2부

그때 당신이 거기 있었네

고흐가 그토록 사랑했던 아를르산 미루나무

이 별에서 유일하게 그를 오롯이 받아주었던 따뜻한 피가 돌던 그 가슴

꽃을 들고 여기저기 헤매고 다녔다, 결국 글라시아스 라비다를 불러준 소사에게 바쳤다.

내면을 황폐지로 만드는 또 다른 이름

속을 채우는 빵

모르는 손이 붙들지 않았다면 폴리트비체 호수의 물빛 사이에서 번져 나온 저 눈동자 속으로 빨려 들어가 저 요정의 집을 지키는 소금쟁이로 살았을 것이다.

일 년 동안 비 한 방울 안 내려도 참을 수 있다.
빛이 굵어질 때 빵 한 덩이만

결혼은 왜 말랑말랑한 플라스틱으로 만들어져 있을까?
드디어 결혼이다.

FAMILLE

페르라셰즈의 나른한 빛은 빗금을 그으며 예를 차리고 있다.
죽음과 사랑에 요긴한 침묵을 배우고 있는 연인들

열 살 때 전쟁 속으로 아비가 사라진 건 내 불찰이 아니다. 햇빛에 끄슬릴까 입혀준 커다란 아버지의 외투도 어머니의 결정이다. 꼬장꼬장한 빛 속에 펼쳐둔 오늘도 내가 정한 건 아니다. 종일토록 아무것도 못 판 건 내 잘못이다.

네가 터지기 직전까지 풍선인 나를 불고 있지만 난 왜 이리 평온한지……

시멘트벽 같은 윈도우 부부, 사람을 견디면 사람이 된다고 그는 늘 말했다. 그러나 그는 결핍에 대한 비상구를 바깥에 버젓이 소유하고 있었다.

도로에 떨어져 있는 슬리퍼 한 개 같다, 가끔 사랑은!

여자가 남자의 어깨에 기대 기침을 하자 낡은 남자는 마지막 요기를 부려 붉은 바다로 변해 물결치고 있다. 클라이맥스를 장식할 고래는 깜빡 잠이 들어 그 출렁거림에 등장할 타이밍을 놓치고 말았다.

비가 내릴 것이다, 내 춤을 적실 만큼

극상의 아름다움도 시선의 예리한 각도와 긴장하는 포즈 그리고 풍만한 듯 섬세한 빛의 배경을 획득해야 제 가치를 표할 수 있다.

아무 데도 못 가고 꽃은 시들고……
바짝 마른 뱀 껍질 같은 오후의 저 햇빛

나도 시(詩)에게 불가촉천민으로 여태껏 홀대 받으며 살고 있다.

휙휙 지나가며 내게 쏘는 풍경의 속도에 쬐끔 지린 것 같다.
바깥세계는 날 까무러치게 만든다.

뼈에 가죽만 걸치고 하루 열 시간 이상 춤추기 싫으면 탱고는 그만 두는 게 옳다.

बैद्यनाथ
NAVAYUGA
WORK

짐승에게 돌을 던지듯 여자는 알 수 없는 걸 내게 마구 뱉었다.
내 눈빛이 휘어져버린 건 죄가 아니다.

길은 모래바람에 사라지는 것, 나는 너에게 가고 있다는 것.

귓바퀴에 닿을 듯 말 듯 속삭이는 입술처럼 드러내지 않는 약탈이 더 치명적이고 지속적이다.

누가 누구에게 덫을 놓았을까.

여기가 어디? 속옷도 못 챙겨 입고 갑자기 불려 나왔어. 팸플릿의 나라에 사는 우리는 여기저기 상상 속을 날아다니느라 저녁밥으로 건포도 아홉 개만 먹어.

꽃잎이 겹쳐진 카르마를 보여주고 있지만 넌 눈 하나 깜박하지 않는다.

깜빡 잠 깨면 풍경이 기다리고 있을 것이다. 반짝이는 미소로 반가워 흔드는 손, 다가가 얼굴을 본다.

가슴에 대못을 박아 내가 죽인 사람들

이 도서의 국립중앙도서관 출판시도서목록(CIP)은 서지정보유통지원시스템 홈페이지(http://seoji.nl.go.kr)와 국가자료공동목록시스템(http://www.nl.go.kr/kolisnet)에서 이용하실 수 있습니다.(CIP제어번호: CIP2019036421)

사진 시집

빛과 어둠의 정치

초판 1쇄 인쇄 _ 2019년 9월 20일
초판 1쇄 발행 _ 2019년 9월 27일
지은이 _ 임지훈
펴낸이 _ 고영
책임편집 _ 서윤후
디자인 _ 헤이존
펴낸곳 _ 문학의전당
출판등록 _ 제2017-000002호
주소 _ 서울시 마포구 마포대로 11길 91, 3층
전화 _ 02-852-1977 팩스 _ 02-852-1978
전자우편 _ sbpoem@naver.com

ISBN 979-11-5896-435-1 03810